Bergische Küche

Besuchen Sie uns im Internet: www.komet-verlag.de

Gesamtherstellung: Komet Verlag GmbH, Köln

ISBN 3-89836-314-7

Bergische Küche

Regionale Küche mit Tradition

KOMET

Inhalt

Die Bergische Küche

Zwischen Rhein und Ruhr, Sieg und Sauerland liegt das Gebiet der Grafen von Berg, das Bergische Land. Mit Produkten dieser Region kommt jeder, der gern kocht, unbewusst fast täglich in Berührung, denn wenn er ein scharfes Messer oder eine Küchenschere benutzt, so kommen diese in der Regel aus dem Herz des Bergischen Landes, aus Solingen, wo seit dem Mittelalter Klingen allerhöchster Qualität hergestellt werden. Kulinarisch ist über diese Region, die schon früh von der Industrialisierung geprägt wurde, wenig bekannt. Berühmt ist die Bergische Kaffeetafel, aber davon später. Es gilt also, Neuland zu betreten, wenn man diese von bodenständiger Tradition geprägte Küche betrachtet.

Das Bergische Land ist eine Biertrinkerregion, geschätzt wird obergäriger Gerstensaft von hellgelber Farbe in Köln und Umgebung, wo er Kölsch heißt, von kaffeedunkler Färbung das in Düsseldorf gebraute Alt. Dieses Bier wird frisch vom Fass gezapft. Die Auseinandersetzung zwischen beiden Städten, welches Bier nun besser sei, hat inzwischen fast philosophische Qualität. Im Herzen des Bergischen Landes sieht man das pragmatischer. Es gibt viele Orte mit Restaurants, wo beide Sorten ausgeschenkt werden. Wuppertal, ebenfalls im Zentrum der Region, bekannt durch seine Schwebebahn, liegt im Westen im Rheinland, im Osten in Westfalen. So etwas kann bei Eingemeindungen passieren. Fast überall schätzt man also auch ein gepflegtes Pils westfälischer Provenienz.

Wenn Sie das Bergische Land richtig kennen lernen wollen, so dürfen Sie es nicht versäumen, Schloss Burg, den Stammsitz der Grafen von Berg, zu besuchen. In diesem liebevoll restaurierten Gemäuer befindet sich das Bergische Museum, das Ihnen einen tadellosen Einblick in die bergische Wohn- und Küchenkultur vermittelt. In der Torschenke können Sie die original Bergische Kaffeetafel kennenlernen. Im Zentrum dieses Genusses stehen zwei unentbehrliche Attribute, einmal die Dröppelmina, ein dickbauchiges Zinngefäß mit einem Hahn, der dem Gefäß den Namen gab, weil er häufig „dröppelte". Deswegen befindet sich auch unterhalb des Hahnes immer ein Zinnteller. Nicht wegzudenken ist auch das klassische Geschirr, Teller und Tassen zeigen stets blaues Zwiebelmuster. Zum „Kaffedrenken mit allem dröm und draan" – so nennen die Bergischen ihre Tafel – gehören ferner frisch gebackene Waffeln, Milchreisbrei mit Zimt und Zucker, der auf den Platz, ein Korinthenweißbrot, gestrichen wird. Dazu gehören noch Bienenhonig, Apfel-, Birnen- oder Rübenkraut, früher oft der einzige Brotaufstrich der in den Tälern siedelnden armen Bauern, in Burg natürlich die berühmten Burger Brezeln, zugleich ein beliebtes Andenken, Teezwieback und Mutzen oder Ballebäuschen, in heißem Fett ausgebackene Hefeteigbällchen. Zum Abschluss trinkt man einen Aufgesetzten, einen starken Likör aus schwarzen Johannisbeeren, Kandiszucker, Vanille und Korn. Dies ist die historisch korrekte Kaffeetafel, wie sie in der Region seit fast einem Jahrhundert gepflegt wird. Heute kommen noch vielfältige Obstwaren, Schinken und Käse hinzu, für viele Einheimische ein grober Verstoß gegen die Tradition. Was das Bergische Land neben der Kaffeetafel noch zu bieten hat, zeigt Ihnen dieses Büchlein. Es ist vor allem eine deftige bodenständige Küche, heute nicht mehr ganz so derb wie vor 100 Jahren, aber immer noch schmackhaft und vor allem sättigend.

Suppen, kleine Speisen und Salate

Grüne Gemüsesuppe

500 g geräucherte Fleischwurst
Salz
500 g Kartoffeln
5 Zwiebeln
2 Stangen Lauch
1 kg junge Brennnesseln
1 Hand voll Löwenzahn
je 100 g Spitzkohl und Spinat
2 El gehackte frische Petersilie
Pfeffer

Die Fleischwurst in 4 Stücke schneiden und in etwa 2 l leicht gesalzenem Wasser bei geringer Hitze etwa 15 Minuten köcheln lassen. Inzwischen die Kartoffeln waschen, schälen und in Würfel schneiden. Die Zwiebeln schälen und ebenfalls würfeln. Lauch putzen, gründlich waschen und in Ringe schneiden. Brennnesseln und Löwenzahn putzen, waschen, abtropfen lassen und in feine Streifen schneiden.

mit Fleischwurst

Spitzkohl und Spinat putzen, waschen und klein schneiden. Die Kartoffelwürfel in die Wurstbrühe geben, nach 10 Minuten Zwiebeln, Lauch und übriges Gemüse hinzufügen. Alles weitere 15 Minuten garen. Die Gemüsesuppe mit Salz und Pfeffer abschmecken und mit Petersilie garniert servieren.

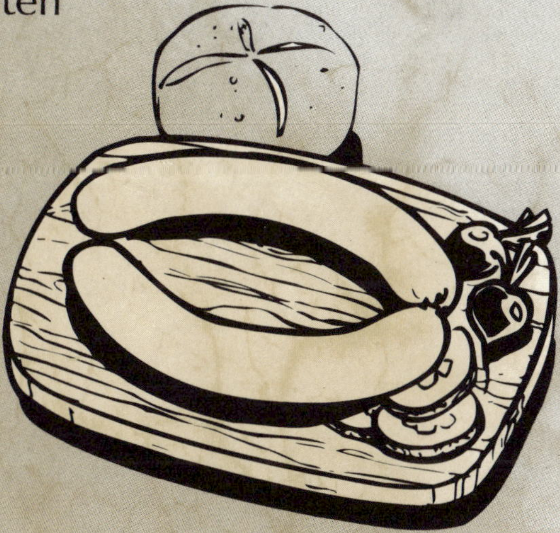

Stielmuseintopf

1 kg Stielmus
500 g Suppenfleisch vom Rind
1 Zwiebel
500 g Kartoffeln
1 Bund Suppengrün
Salz
Pfeffer
1 Tl Essig

Den Stielmus von den Blättern befreien. Die Stiele waschen, trockenschütteln und in 3 cm lange Stücke schneiden. Das Suppenfleisch waschen, trockentupfen und mit 2 l Wasser in einen Topf geben. Die Zwiebel schälen und grob würfeln. Zum Fleisch geben und alles etwa 1 Stunde köcheln. Die Kartoffeln waschen, schälen und in 2 cm große Würfel schneiden.

Das Suppengemüse putzen, waschen und klein schneiden. Stielmus, Kartoffeln und Gemüse zum Fleisch geben und alles weitere 20 Minuten köcheln.

Das Fleisch aus der Suppe nehmen und in Scheiben oder Würfel schneiden. Zurück in die Suppe geben und diese mit Salz, Pfeffer und Essig abschmecken.

Graupensuppe

200 g Gerstengraupen
1 l Gemüsebrühe
2 El Butter
Salz
2 Eigelb
500 g Kartoffeln
100 ml trockener Weißwein
Pfeffer

Die Graupen mit der Brühe in einen Topf geben, die Butter, Salz und die Eigelbe unterrühren. Die Graupen etwa 40 Minuten köcheln, bis sie weich sind. Die Kartoffeln waschen, schälen und würfeln und nach etwa 20 Minuten zu den Graupen geben. Nach der Garzeit den Wein zugeben und die Suppe mit Salz und Pfeffer abschmecken.

Buttermilchsuppe mit Bohnen

750 g weiße Bohnen
500 g Kartoffeln
1 l Buttermilch
250 ml saure Sahne
Salz
Pfeffer

Die Bohnen über Nacht einweichen. Am nächsten Tag gut waschen und in ausreichend Wasser in etwa 40 Minuten garen. In der Zwischenzeit die Kartoffeln waschen, schälen und in etwa 20 Minuten garen. Danach abgießen und zerstampfen. Bohnen, Kartoffelbrei und Buttermilch in einem Topf miteinander verrühren. Die saure Sahne hinzufügen. Die Suppe noch einmal erhitzen und mit Salz und Pfeffer abschmecken.

Weiße-Bohnen-

250 g weiße Bohnen
1 kleiner Weißkohl
1 Zwiebel
2 Karotten
500 g Suppenfleisch vom Rind
30 g Butter
1 l Fleischbrühe
2 Lorbeerblätter
1 Zweig Bohnenkraut
Salz
Pfeffer
1 El Speisestärke
150 g geräucherter Speck

Die Bohnen über Nacht einweichen. Den Kohl waschen und vierteln. Die Viertel in Streifen schneiden. Die Zwiebel schälen und grob würfeln. Die Karotten schälen und halbieren. Das Fleisch waschen und gut trockentupfen. Die Butter in einem Topf zerlassen und das Fleisch darin von allen Seiten anbraten. Die heiße Fleischbrühe dazugießen, mit Lorbeerblättern und Bohnenkraut würzen und das Fleisch etwa

Eintopf

1 Stunde abgedeckt kochen. Nach Ende der Garzeit den Kohl, die abgetropften weißen Bohnen, Zwiebelwürfel und Karotten dazugeben und alles weitere 30 Minuten kochen. Das Fleisch herausnehmen und in Scheiben schneiden. Die Suppe mit Salz und Pfeffer abschmecken und mit Stärke binden. Den Speck in dünne Streifen schneiden und in einer heißen Pfanne leicht anrösten. Die Speckstreifen samt Fett vor dem Servieren über den heißen Eintopf geben.

Erbsensuppe

1,5 kg Erbsen in Schoten
1 El Butter
1,5 l Gemüsebrühe
4 große Kartoffeln
Salz
Zucker
2 El Mehl
2 El Sahne
2 El gehackte frische Petersilie

Die Erbsen von den Schoten befreien, waschen und abtropfen lassen. Die Butter in einem Topf schmelzen und die Erbsen darin wenden. Die Brühe zugeben. Die Kartoffeln waschen, schälen und in kleine Würfel schneiden. Zu den Erbsen geben und alles mit Salz und Zucker nach Geschmack würzen.

Die Suppe etwa 20 Minuten garen. Das Mehl in der Sahne anrühren und die Suppe damit binden.
Mit der Petersilie bestreut servieren.

Kartoffelsuppe

4 Kartoffeln
1 Bund Suppengrün
1 Zwiebel
4 El Butter
Salz
Pfeffer
Muskatnuss
1,5 l Gemüsebrühe
250 g Fleischwurst
100 ml Sahne
1 Scheibe Weißbrot
2 El gehackte frische Petersilie

Die Kartoffeln waschen, schälen und würfeln. Das Suppengemüse putzen, waschen und klein schneiden. Die Zwiebel schälen und hacken. 2 El Butter in einem Topf erhitzen und Kartoffeln mit Suppengemüse und Zwiebeln darin andünsten. Mit Salz, Pfeffer und Muskatnuss würzen. Mit Gemüsebrühe auffüllen. Die Suppe etwa 30 Minuten köcheln, bis

mit Fleischwurst

sie sämig ist. Danach die Sahne unterrühren. Die Fleischwurst in Würfel schneiden und in der Suppe erhitzen. Das Weißbrot würfeln und in der restlichen Butter rösten.

Kartoffelsuppe auf Teller verteilen. Weißbrotwürfel darüber streuen und mit Petersilie garnieren.

Linsensuppe

250 g braune Linsen
Gemüsebrühe
100 g Bauchspeck
1 Lauchstange
1 Möhre
2 Zwiebeln
2 große Kartoffeln
Salz
Pfeffer
4 Mettwürste

Die Linsen über Nacht einweichen. Am nächsten Tag die Linsen und das Einweichwasser mit Gemüsebrühe auf 1,5 l auffüllen, etwa 45 Minuten kochen. In der Zwischenzeit den Bauchspeck würfeln. Das Gemüse putzen, waschen und klein schneiden. Die Zwiebeln schälen und hacken. Die Kartoffeln waschen, schälen und ebenfalls würfeln. Den Bauchspeck in einer Pfanne auslassen, danach

mit Mettwürstchen

das Gemüse dazugeben und kurz mitdünsten. Mit Salz und Pfeffer würzen. Nach etwa 25 Minuten der Garzeit das Gemüse zu den Linsen geben. Die Mettwürstchen dazugeben und mitköcheln lassen. Die Suppe mit Mettwürstchen servieren.

Schwarzbrotsuppe

3 Scheiben Schwarzbrot
1 Zwiebel
2 El Butterschmalz
200 ml Sahne
200 ml Milch
400 ml Hühnerbrühe
Salz
Pfeffer
250 g Mettwurst
2 El Schnittlauchröllchen

Das Schwarzbrot in Würfel schneiden, die Zwiebel schälen und würfeln. Das Butterschmalz in einer Pfanne schmelzen und die Brotwürfel mit den Zwiebelwürfeln darin anbraten. Sahne, Milch und Brühe angießen und die Suppe aufkochen lassen. 10 Minuten köcheln. Die Suppe pürieren und mit Salz und Pfeffer würzen. Die Mettwurst in

Scheiben schneiden und in einer Pfanne ohne Fett knusprig braten. Schwarzbrotsuppe mit Mettwurstscheiben und Schnittlauchröllchen garniert servieren.

Graupenkloß

125 g mittelfeine Graupen
125 g Reis
100 g Dörräpfel
75 g Rosinen
1 Tl Salz

Graupen, Reis und Dörrobst waschen und abtropfen lassen. Anschließend alle Zutaten in ein Mulltuch schichten, das vorher in heißes Wasser getaucht wurde. Mit den Graupen beginnen und mit den Rosinen enden, zwischen jede Lage etwas Salz geben. Das Mulltuch zusammenbinden und in den Einsatz eines Dämpftopfes legen. Den Boden des Topfes mit

(Pottgebüdels)

Wasser füllen und den Graupenkloß etwa 2 Stunden im Wasserdampf und bei geringer Temperatur quellen lassen. Pottgebüdels kann süß mit Vanillesauce oder herzhaft mit Braten bzw. Schinken gegessen werden.

Leber- und

250 g Blutwurst
250 g Leberwurst
3 Zwiebeln
2 Lorbeerblätter
10 Senfkörner
Salz
Pfeffer
3 El Kräuteressig
3 El Öl

Die Leber- und Blutwurst von der Pelle befreien und in Scheiben schneiden. Die Zwiebeln schälen und in Ringe schneiden. Zwiebelringe mit Lorbeerblättern, Senfkörnern, Salz und Pfeffer zu den beiden Wurstsorten geben und mit Essig und Öl übergießen. Den Salat gut durchrühren und 24 Stunden an einem kühlen Ort durchziehen

Blutwurstsalat

lassen. Dann die Lorbeerblätter entfernen. Den Leber- und Blutwurstsalat mit frischem Schwarzbrot servieren.

Schinkensoufflée

500 g gekochter Schinken
4 Eier
200 ml Sahne
je 2 El gehackte frische Petersilie, Zitronenmelisse und Kerbel
Salz
Pfeffer
Muskat
1 El Senf
2 Eiweiß
2 El Butter

Den Backofen auf 220 °C (Umluft 200 °C) vorheizen. Den Schinken würfeln und fein pürieren. 400 g Schinkenpüree in eine Schüssel geben und mit Eiern, Sahne, Senf und den Kräutern vermischen. Mit Salz, Pfeffer und Muskat abschmecken. 4 Soufflééförmchen mit der Butter einfetten und die Schinkenmasse hineinfüllen. Die Eiweiße steif schlagen und mit dem restlichen Schinkenpüree verrühren. Die Förmchen damit auffüllen und im Ofen etwa 15 Minuten backen.

Eierkäse

10 Eier
1,5 l Milch
Salz
Pfeffer
Zucker

Eier und Milch miteinander verrühren und mit den Gewürzen und Zucker abschmecken. Die Eimasse in eine feuerfeste Schüssel geben und ins Wasserbad stellen, bis die Masse fest geworden ist. Dann aus dem Wasserbad nehmen und vorsichtig auf einen Teller stürzen. Kühl stellen. Den erkalteten Eierkäse in Scheiben, Streifen oder Würfel schneiden und als Brotbelag oder Suppeneinlage reichen.

Angemachter Quark

500 g Sahnequark
250 ml Milch
1 Zwiebel
Salz
Pfeffer
Kümmel
edelsüßes Paprikapulver
3 El Schnittlauchröllchen

Den Quark mit der Milch verrühren. Die Zwiebel schälen und fein hacken, unter den Quark rühren. Den Quark mit Salz, Pfeffer, Kümmel und Paprika abschmecken und die Schnittlauchröllchen unterheben. Den angemachten Quark zu frisch gebackenem Brot oder Bratkartoffeln reichen.

Endiviensalat

1 Kopf Endiviensalat
3 El Sonnenblumenöl
2 El Weißweinessig
Salz
Pfeffer
Zucker
1 gekochte Kartoffel

Den Endiviensalat waschen, abtropfen lassen und in feine Streifen schneiden. Dann in eine Schüssel geben. Aus Öl, Essig, Salz, Pfeffer und Zucker eine Salatsauce bereiten. Die gekochte Kartoffel zerdrücken und unter die Salatsauce mengen. Alles mit dem Endiviensalat mischen und 15 Minuten durchziehen lassen.

Feldsalat mit Saure-Sahne-Dressing

300 g Feldsalat
1 Zwiebel
250 ml saure Sahne
1 El Himbeeressig
Salz
Pfeffer

Den Feldsalat verlesen, putzen, waschen und gut abtropfen lassen. Die Zwiebel schälen und fein hacken. Die saure Sahne mit Essig, Salz und Pfeffer mischen. Den Salat mit der gehackten Zwiebel in eine Schüssel geben und mit dem Saure-Sahne-Dressing überziehen. Gut durchmischen und abschmecken.

Kartoffel-, Gemüsegerichte und Beilagen

Himmel und Erde

1 kg Kartoffeln
1 kg Äpfel
Salz
100 ml Milch
100 g Speck
2 Zwiebeln
Pfeffer
Zucker

Die Kartoffeln waschen, schälen und in Würfel schneiden. Die Äpfel waschen, schälen, von den Kerngehäusen befreien und ebenfalls würfeln. Die Kartoffeln in einen großen Topf schichten und die Äpfel darüber verteilen. 300 ml Salzwasser darüber geben und beides in etwa 20 Minuten garen. Kartoffeln und Äpfel zerstampfen, mit der Milch vermengen. Den Speck

in Wuppertal

würfeln und in einer Pfanne knusprig braten. Die Zwiebeln schälen und in Ringe schneiden. Im Speckfett 3 Minuten schmoren. Speck und Zwiebeln unter das Gestampfte mischen. Mit Salz, Pfeffer und Zucker abschmecken. Himmel und Erde mit Bratwurst, gebratener Blutwurst oder Gulasch servieren.

Stampfkartoffeln

1 kg Kartoffeln
1 Tl Salz
1 El Butter
200 ml Milch
1/4 Tl gemahlene Muskatnuss
1 Kopf Endivien
3 El Öl
3 El Weißweinessig
Pfeffer

Die Kartoffeln waschen, schälen und in Salzwasser in etwa 20 Minuten garen. Dann abgießen und ausdampfen lassen. Die Kartoffeln zerstampfen, salzen und die Butter unterrühren. Die Milch erwärmen und unter den Kartoffelbrei mischen, bis er glatt und geschmeidig ist. Mit Muskatnuss abschmecken. Den Salat putzen, waschen und trockenschütteln. Dann in Streifen schneiden. Aus Öl,

mit Salat

Essig, Salz und Pfeffer eine Salatmarinade rühren und den Salat damit übergießen. Stampfkartoffeln und Endiviensalat auf Teller verteilen. Sie werden zusammen gegessen. Nach Geschmack gebratene Speckwürfeln dazu reichen.

Riefkoken

750 g Kartoffeln, festkochend
1 Zwiebel
3 Eier
1/2 Tl Salz
Muskat
evtl. Buchweizenmehl
100 ml Sonnenblumenöl

Die Kartoffeln waschen, schälen und grob reiben. Auf ein Tuch geben, das Tuch zusammendrücken, damit die Kartoffelflüssigkeit austritt. Die Zwiebel schälen und fein unter die Kartoffeln reiben. Eier, Salz und etwas Muskat dazugeben und alles gut vermischen. Wenn der Kartoffelteig noch zu flüssig ist, so viel Mehl dazugeben, dass ein

(Reibekuchen)

nicht zu fester Teig entsteht. Das Sonnenblumenöl in einer gusseisernen Pfanne erhitzen. Mit einem Schöpflöffel kleine Teigmengen ins heiße Öl geben und goldbraune knusprige Reibekuchen backen. Reibekuchen mit Apfelmus servieren.

Dicke Bohnen

2 Zwiebeln
3 El Sonnenblumenöl
1 kg frische dicke Bohnen
200 g geräucherter Speck
1/2 Bund Bohnenkraut
3 El Butter
3 El Mehl
Salz
Pfeffer

Die Zwiebeln schälen, hacken und im heißen Öl andünsten. Die Bohnen zugeben und so viel Wasser aufgießen, dass die Bohnen bedeckt sind. Den Speck dazugeben. Das Bohnenkraut waschen und zu den Bohnen geben. Die Bohnen aufkochen und den Schaum abschöpfen. Dann bei geschlossenem Deckel etwa 35 Minuten kochen, bis sie gar sind. Das Bohnenkraut nach 20 Minuten Garzeit herausnehmen.

Die Bohnen nach dem Garen abgießen, das Kochwasser auffangen. Die Butter in einem Topf schmelzen und das Mehl darin anschwitzen. Mit dem Kochwasser der Bohnen ablöschen und zu einer cremigen Sauce kochen. Die Sauce mit Salz und Pfeffer abschmecken und die Bohnen wieder in die Sauce geben. Den Speck in Scheiben schneiden und mit den Bohnen servieren. Dazu neue Kartoffeln reichen.

Schnippelbohnen-Topf

750 g frische Buschbohnen
100 g fetter Speck
1 Zwiebel
1/2 Bund Bohnenkraut
250 ml Gemüsebrühe
1 El Mehl
Salz
Pfeffer
200 ml Sahne

Die Bohnen waschen, putzen und in feine lange Streifen schneiden. Den Speck in kleine Würfel schneiden, die Zwiebel schälen und fein hacken. Den Speck in einem Topf auslassen und die Zwiebeln darin glasig dünsten. Dann die Bohnen und das Bohnenkraut zugeben. Mit Gemüsebrühe auffüllen und etwa 45 Minuten garen. Nach Ende der Garzeit das Mehl unter die Bohnen rühren und weitere 10 Minuten garen. Mit Salz und Pfeffer abschmecken. Zuletzt die Sahne unterrühren.

Steckrübengemüse

750 g Steckrüben
4 El Butterschmalz
2 El Zucker
250 ml Gemüsebrühe
Salz
Pfeffer

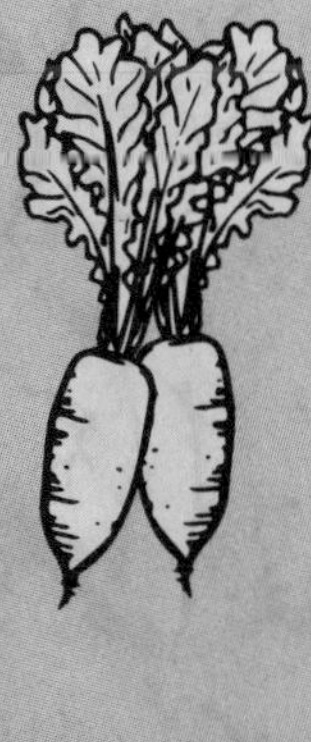

Die Steckrüben waschen, schälen und in Würfel schneiden. Das Schmalz in einem Topf erhitzen und den Zucker darin karamellisieren lassen. Die Rübenwürfel dazugeben und anschmoren. Die Brühe zugießen und die Rüben bei geringer Temperatur etwa 30 Minuten garen, bis sie weich sind. Anschließend die Rüben pürieren und mit Salz und Pfeffer würzen.

Weißkohl

1 kg Weißkohl
Salz
1 El Instant-Brühe
1 altbackenes Brötchen
1 Zwiebel
250 g gemischtes Hackfleisch
1 Ei
Pfeffer
1 Tl Senf
gemahlene Muskatnuss
1/2 Tl edelsüßes Paprikapulver
2 El Öl
1 El Speisestärke
1/2 Tl gemahlener Kümmel

Den Kohl putzen, waschen und in Scheiben schneiden. In einem Topf reichlich Salzwasser zum Kochen bringen, die Instant-Brühe hineinrühren und den Kohl darin etwa 10 Minuten bissfest garen. Das Brötchen in warmem Wasser einweichen. Die Zwiebel schälen und hacken. Das Hackfleisch mit Zwiebel und Ei in einer Schüssel mischen. Das Brötchen ausdrücken und dazugeben. Den Fleischteig mit Salz, Pfeffer, Senf,

mit Hackfleisch

Muskat und Paprika würzen. Das Öl in einer Pfanne erhitzen und den Hackfleischteig darin knusprig braten. Danach in größere Stücke schneiden. Den Kohl aus der Brühe nehmen und abtropfen lassen. 250 ml Brühe abnehmen. Die Speisestärke mit 1 El Wasser anrühren und die Brühe damit andicken. Den Weißkohl mit dieser Sauce vermischen. Dann die Hackfleischstücke hinzufügen und alles mit Kümmel abschmecken. Dazu Salzkartoffeln reichen.

Grünkohl

1,5 kg Grünkohl
1 Tl Salz
150 g Bauchspeck
2 Zwiebeln
250 ml Gemüsebrühe
4 Nelken
1 Msp. Nelkenpfeffer
250 g geräucherte Mettwurst
2 El Mehl

Den Grünkohl in einzelne Blätter teilen, waschen und die harten Strünke herausschneiden. Die Kohlblätter in wenig Salzwasser blanchieren. Den Speck in Würfel schneiden. Den Kohl abgießen, abtropfen lassen und die Blätter in Streifen schneiden. Den Speck in einem Topf auslassen und den Kohl zugeben. Die Zwiebeln schälen und hacken. Zum Kohl geben und unter Rühren kurz mit-

mit Mettwurst

schmoren. Mit der Brühe ablöschen und den Kohl etwa 45 Minuten dünsten. Danach mit Salz, Nelken und Nelkenpfeffer würzen und weitere 30 Minuten zusammen mit der Mettwurst dünsten. Nach Ende der Garzeit mit dem Mehl sämig machen.

Butterkohlgemüse

- 1 kg Butterkohl
- 1 Zwiebel
- 1 El Butter
- 1 El Mehl
- 250 ml Milch
- Salz
- Pfeffer
- frisch geriebene Muskatnuss
- 3 El Sahne

Den Butterkohl putzen, waschen, abtropfen lassen und in Streifen schneiden. Die Kohlstreifen klein hacken. Die Zwiebel schälen und hacken. Die Butter in einem Topf schmelzen und Kohl sowie Zwiebeln darin etwa 3 Minuten andünsten. Dann das Mehl darüber stäuben und alles mit der Milch ablöschen. Noch etwa 5 Minuten köcheln.

Das Kohlgemüse mit Salz, Pfeffer und Muskat abschmecken und mit der Sahne verfeinern. Butterkohlgemüse als Beilage zu Braten servieren.

Bergische

1 kg Kartoffeln
Salz
2 Brötchen
30 g Speck
2 Eier
2 El Mehl
Muskat

Die Kartoffeln waschen und in Salzwasser garen. Abgießen und über Nacht stehen lassen. Am nächsten Tag Kartoffeln schälen und reiben. Die Brötchen in Würfel schneiden. Den Speck würfeln und in einer Pfanne auslassen. Die Brötchenwürfel im Speckfett rösten und unter die Kartoffeln mischen. Eier und Mehl hinzufügen und alles zu einem Teig verarbeiten.

Knuddeln

Mit Salz und Muskat abschmecken. In einem großen Topf 2 l Wasser mit Salz zum Kochen bringen. Vom Kartoffelteig mit angefeuchteten Händen kleine Klöße abnehmen und im Wasser 20 Minuten garen. Knuddel schmecken als Hauptgericht mit Butter oder als Beilage zu Fleisch.

Buttermilch-Kartoffeln

1 kg Kartoffeln
Salz
Pfeffer
frisch gemahlene Muskatnuss
3 El Butter
2 l Buttermilch
2 El gehackte frische Petersilie

Die Kartoffeln waschen und in kochendem Salzwasser etwa 20 Minuten garen. Dann abgießen, abtropfen lassen und schälen. Die Kartoffeln auf vier Teller verteilen. Mit Salz, Pfeffer und Muskatnuss würzen und mit der Butter in Flöckchen belegen. Zuletzt die Buttermilch darüber gießen, pro Teller etwa 500 ml. Mit Petersilie bestreut servieren.

Bergische Leineweber

1,5 kg Kartoffeln
200 g Speck in Scheiben
2 El Mehl
3 Eier
150 ml Milch
Salz
Pfeffer
frisch geriebene
Muskatnuss

Die Kartoffeln waschen, schälen und in dünne Scheiben schneiden. Die Speckscheiben in einer Pfanne auslassen und die Kartoffelscheiben darin goldgelb braten. Mehl, Eier und Milch verrühren und mit Salz, Pfeffer und Muskat würzen. Die Masse über die Kartoffeln gießen und stocken lassen. Leineweber werden mit Apfelmus oder Schwarzbrot und Kraut gegessen.

Kastenpickert

10 Kartoffeln
1 El Salz
250 g Buchweizenmehl
1 kg Weizenmehl
2 Eier
1 Würfel Hefe
1 Tl Zucker

Die Kartoffeln waschen, schälen, in eine Schüssel reiben und salzen. Die beiden Mehlsorten und die Eier hinzufügen und alles zu einem schweren Teig vermengen. Die Hefe mit dem Zucker und etwas warmem Wasser verrühren und gehen lassen. Dann zu dem Kartoffelteig geben. Den Pickert in den auf 50 °C erwärmten Backofen stellen, bis er den doppelten

Umfang erreicht hat. Backofen auf 200 °C (Umluft 180 °C) vorheizen. Den Kartoffelteig in eine große Kastenform füllen und im Ofen etwa 1 Stunde backen. Nach der Backzeit den Pickert aus dem Ofen nehmen, abkühlen lassen und aus der Form holen.

Den Kastenpickert in Scheiben schneiden. Wird mit Rübenkraut und Leberwurst bestrichen gegessen.

Wärmt

1 l Milch
150 g Schwarzbrot
2 El Zucker
Salz
150 g getrocknete Pflaumen

Die Milch und das zerkrümelte Brot mit Zucker und 1 Prise Salz in einen Topf geben und etwa 15 Minuten köcheln. Die Pflaumen mit wenig Wasser etwa 8 Minuten kochen. Brot und Pflaumen untereinander rühren. Wärmt mit Reibekuchen servieren.

Fleisch, Wild und Geflügel

Gemischter

100 g fetter Speck
je 500 g Schweine- und Rindfleisch
250 g Zwiebeln
1 Lorbeerblatt
750 ml Fleischbrühe
1 Scheibe Schwarzbrot
2 El Mehl
Salz
Pfeffer
Majoran

Den Speck würfeln. Die beiden Fleischsorten waschen, trockentupfen und in mundgerechte Würfel schneiden. Die Zwiebeln schälen und in Ringe schneiden. Speckwürfel in einem Bratentopf auslassen und die Fleischwürfel darin anbraten. Die Zwiebelringe dazugeben und alles etwa 15 Minuten schmoren. Das Lorbeerblatt hinzufügen und die Fleischbrühe dazugeben.

Fleischtopf

Das Schwarzbrot zum Fleisch krümeln. Die Mischung noch 1 Stunde und 15 Minuten schmoren. Das Mehl in wenig Wasser anrühren und die Fleischsauce damit andicken. Mit Salz, Pfeffer und Majoran abschmecken. Der gemischte Fleischtopf schmeckt gut mit Kartoffeln, Nudeln oder Klößen.

Panhas

250 g fetter Speck
500 g frischer Schweinebauch
Salz
Pfeffer
1 Tl gemahlene Muskatnuss
1/4 Tl Piment
250 g Buchweizenmehl
250 g Weizenvollkornmehl
1 Prise gemahlene Nelken
2 El Butter

Speck und Schweinebauch in 1 l Wasser geben und mit Salz, Pfeffer, Muskat und Piment kräftig würzen. Etwa 1 Stunde köcheln lassen. Speck und Schweinebauch aus dem Kochsud nehmen und anderweitig verwenden. Die beiden Mehlsorten miteinander mischen und unter Rühren in die kochende Fleischbrühe geben. Nochmals mit den Gewürzen sowie dem Nelkenpulver abschmecken und so lange rühren, bis der Teig Blasen wirft und sehr fest ist. Eine Kastenform kalt ausspülen und den Panhas hineinfüllen. In der Form erkalten lassen.

Panhas aus der Form stürzen und in 2 cm dicke Scheiben schneiden. Die Butter in einer Pfanne erhitzen und die Panhasscheiben darin von beiden Seiten goldbraun braten. Zu Salat und Schwarzbrot servieren.

Bratwurst

4 Paar Bratwürste
3 El Butterschmalz
2 Zwiebeln
2 El Mehl
250 ml Fleischbrühe
Salz
Pfeffer

Die Bratwürste abwaschen, kurz in Wasser legen und anschließend trockentupfen. Das Butterschmalz in einer Pfanne erhitzen und die Bratwürste darin von allen Seiten knusprig braten. Aus der Pfanne nehmen und warm stellen. Die Zwiebeln schälen und in Ringe schneiden. In der Pfanne anbräunen, dann mit Mehl

mit Zwiebelsauce

bestäuben und mit der Brühe aufkochen. Sauce mit Salz und Pfeffer abschmecken. Bratwürste mit Zwiebelsauce, Kartoffelbrei und Sauerkraut servieren.

Gulasch

3 Zwiebeln
6 El Öl
je 500 g Rinder- und Schweinegulasch
Salz
Pfeffer
1 Tl edelsüßes Paprikapulver
1/2 Tl Rosenpaprika
250 ml Fleischbrühe
100 ml Rotwein

Die Zwiebeln schälen und in Würfel schneiden. Das Öl in einem Schmortopf erhitzen und die Zwiebeln darin andünsten. Das Fleisch waschen und trockentupfen. Dann im Schmortopf mit den Zwiebeln etwa 3 Minuten von allen Seiten gut anbraten. Die Gewürze dazugeben und gut unterrühren. Danach mit Brühe und Wein auffüllen und bei geschlossenem Deckel etwa 40 Minuten köcheln,

halb und halb

bis das Gulasch schön weich und die Flüssigkeit um die Hälfte reduziert ist. Gulasch mit Kartoffelklößen, Himmel und Erde oder Nudeln servieren.

Überbackenes

600 g Schweinefilet
3 El Öl
Salz
Pfeffer
300 ml Sahne
100 g Tomatenpüree
3 cl Cognac
1 Tl edelsüßes Paprikapulver
1/2 Tl Curry
1 Zwiebel
100 g Champignons
100 g frisch geriebener Parmesan

Den Backofen auf 180 °C (Umluft 160 °C) vorheizen. Das Schweinefilet gut waschen und trockentupfen, in Scheiben schneiden. 2 El Öl in einer Pfanne erhitzen und die Filetscheiben darin etwa 2 Minuten von beiden Seiten anbraten. Mit Salz und Pfeffer würzen. Die Filetscheiben aus der Pfanne nehmen und fächerförmig in eine Auflaufform legen. Die Sahne mit Tomatenpüree, Cognac, Paprikapulver und

Schweinefilet

Curry mischen und über die Filetscheiben gießen. Die Zwiebel schälen und hacken. Die Pilze putzen, feucht abreiben und im restlichen Öl in der Pfanne andünsten. Danach zu den Filets geben. Zuletzt den geriebenen Käse darüber streuen und alles im Ofen etwa 45 Minuten backen. Die überbackenen Schweinefilets mit Kartoffelgratin und gemischtem Gemüse servieren.

Kaninchenbraten

1 küchenfertiges Kaninchen (ca. 800 g)
Mehl
150 g fetter Speck
Salz
Pfeffer
1 Tl getrockneter Thymian
1 Lorbeerblatt
125 g Butter
500 ml Wildfond
2 El Speisestärke
200 ml saure Sahne

Den Backofen auf 220 °C (Umluft 200 °C) vorheizen. Das Kaninchen waschen, trockentupfen und in Stücke schneiden. Mit Mehl bestäuben. Speck in Streifen schneiden. Die Kaninchenteile mit Salz, Pfeffer und Thymian einreiben. Den Speck in einem großen Bräter auslassen. Die Kaninchenteile im Speckfett gut anbraten, das Lorbeerblatt dazugeben. Den Wildfond erhitzen und über das Fleisch gießen.

Das Fleisch im Ofen etwa 1 Stunde 15 Minuten braten. Nach 30 Minuten Garzeit das Fleisch mit der Butter einstreichen und gelegentlich mit Bratensaft begießen. Nach Ende der Garzeit aus dem Bräter nehmen und warm stellen. Den Bratensud aufkochen, das Lorbeerblatt entfernen. Die Speisestärke in Wasser einrühren und die Sauce damit binden. Die Sahne einrühren und die Sauce mit Salz und Pfeffer abschmecken. Kaninchenbraten mit Rotkohl und Klößen servieren.

Hasenpfeffer

3 kg Hasenfleisch
4 Zwiebeln
2 Möhren
7 Pfefferkörner
250 ml Rotweinessig
250 ml Rotwein
200 g Bauchspeck
1 Bund Suppengrün
250 ml Wildfond
Salz
1 Scheibe Schwarzbrot
3 El Zwetschgenmus
100 g Backpflaumen

Das Hasenfleisch waschen, trockentupfen und in größere Stücke schneiden. Die Zwiebeln schälen, 2 Zwiebeln in Ringe, die beiden anderen in Würfel schneiden. Die Möhren schälen und in dünne Streifen schneiden. Hasenfleisch, Zwiebelringe, Möhren und Pfefferkörner in eine Schüssel geben. Aus Essig und Wein eine Marinade herstellen und das Hasenfleisch darin etwa 5 Stunden marinieren lassen.

Den Speck in kleine Würfel schneiden und in einem Bräter auslassen. Hasenfleisch aus der Marinade nehmen, abtupfen (Marinade aufbewahren) und im Speckfett von allen Seiten gut anbraten.

Suppengrün putzen, waschen und klein schneiden. Zwiebelwürfel und Suppengemüse zum Fleisch geben und mitschmoren. Den Wildfond angießen. Das Hasenfleisch abgedeckt etwa 1 Stunde

schmoren. Nach der Garzeit die Hasenteile aus dem Bräter nehmen und warm stellen. Für die Sauce das Schwarzbrot fein reiben. Den Bratenfond mit Wasser aufkochen, dann passieren und mit 4 El der Marinade mischen.

Zwetschgenmus, klein gehackte Backpflaumen und Schwarzbrot in die Sauce geben und sämig einkochen lassen. Hasenfleisch zurück in die Sauce geben und mit Nudeln servieren.

Wildschweinrollbraten

1,5 kg Wildschweinkeule ohne Knochen
2 cl Doppelkorn
4 Wacholderbeeren
1/2 Tl getrockneter Majoran
Salz
Pfeffer
4 El Butterschmalz
2 Zwiebeln
125 ml Wildfond
125 ml Rotwein
125 ml saure Sahne

Das Wildschweinfleisch waschen, trockentupfen und zusammenrollen. Mit Küchengarn zusammenbinden. Den Korn darüber gießen. Wacholderbeeren zerdrücken und mit Majoran, Salz und Pfeffer mischen. Mit dieser Mischung das Fleisch einreiben. Den Backofen auf 200 °C (Umluft 180 °C) vorheizen. Das Butterschmalz in einem großen

Bräter erhitzen und den Wildschweinbraten darin von allen Seiten gut anbraten. Die Zwiebeln schälen und hacken. Zum Fleisch geben und mitschmoren. Fond und Wein zum Braten geben und diesen im Ofen etwa 2 Stunden braten. Während der Bratzeit mehrmals mit Bratensaft begießen. Nach Bedarf noch Wasser zugießen. Nach Ende der Garzeit den Braten aus dem Topf nehmen und warm stellen. Den Bratenfond mit etwas Wasser aufkochen und mit der sauren Sahne abschmecken.

Den Wildschweinrollbraten in Scheiben schneiden und mit der Wacholdersauce und Preiselbeeren servieren.

Schweinepfeffer

1,5 kg Schweinefleisch (Nuss)
300 g Zwiebeln
250 ml Obstessig
2 Lorbeerblätter
5-6 Pfefferkörner
3 El Butterschmalz
2 El Rinderfond
Salz
1 El Rübenkraut
1 Tl Zucker

Das Fleisch waschen, trockentupfen und in mundgerechte Würfel schneiden. Die Zwiebeln schälen und in Ringe schneiden. Die Fleischwürfel in eine Schüssel legen, mit den Zwiebelringen bedecken. Den Obstessig mit der gleichen Menge Wasser mischen und über das Fleisch geben. Lorbeerblätter und Pfefferkörner zugeben und alles über Nacht marinieren. Das

Fleisch am nächsten Tag aus der Marinade nehmen und trockentupfen. Das Butterschmalz in einer Pfanne erhitzen und die Fleischwürfel darin von allen Seiten gut anbraten. Die Marinade durch ein Sieb zum Fleisch gießen und alles etwa 40 Minuten köcheln. Anschließend den Rinderfond unter den Schweinepfeffer rühren und die Sauce mit Salz, Rübenkraut und Zucker abschmecken.

Gänsebraten

- 1 küchenfertige Gans (ca. 3 kg)
- Salz
- Pfeffer
- 1 kg Maronen
- 1 Zwiebel
- 3 El Butterschmalz
- 1/2 Tl edelsüßes Paprikapulver
- 1 El gehackter frischer Majoran
- 3 Äpfel
- 1 Gänseleber
- 1 Bund Suppengemüse
- 1 Lorbeerblatt
- 400 ml Bier
- 1 El Speisestärke

Die Gans waschen und trockentupfen, innen und außen mit Salz und Pfeffer einreiben. Die Maronen mit einem Messer einschneiden und in kochendem Salzwasser etwa 10 Minuten kochen. Danach abgießen, schälen und das innere Häutchen entfernen. Die Zwiebel schälen und fein hacken. Das Butterschmalz in einem Topf schmelzen und die Zwiebel darin andünsten. Paprika, Majoran und die Maronen zugeben.

Wenig Wasser zufügen und alles etwa 15 Minuten köcheln. Die Äpfel schälen, halbieren und von den Kerngehäusen befreien. Danach in Würfel schneiden und zu den Maronen geben. Die Gänseleber waschen, trockentupfen und klein schneiden.

5 Minuten vor Ende der Garzeit in den Topf zu den übrigen Zutaten geben und mitschmoren. Den Backofen auf 200 °C (Umluft 180 °C) vorheizen.

Die Maronenmischung in die Gans füllen, diese zunähen und die Keulen am Körper festbinden. Die Haut der Gans mehrmals einstechen, damit das Fett herauslaufen kann. Die Gans in einen Bräter geben und 500 ml Wasser angießen. Das Suppengemüse putzen, waschen, klein schneiden und ebenfalls in den Bräter geben. Das Lorbeerblatt zufügen. Die Gans im Ofen etwa 2 Stunden 30 Minuten braten. Während des Bratens mehrmals mit Bratensaft, 200 ml Wasser und 200 ml Bier begießen.. Nach Ende der Garzeit die Gans aus dem Bräter holen, von den Fäden befreien und warm stellen. Den Bratenfond mit dem restlichen Bier ablöschen, aufkochen und durch ein Sieb in einen Topf gießen. Die Speisestärke in etwas Wasser einrühren und die Bratensauce damit binden. Gänsebraten mit Rotkraut und Klößen servieren.

Lammhaxe

4 Lammhaxen (à 300 g)
Salz
Pfeffer
1 Gemüsezwiebel
2 Karotten
3 Knoblauchzehen
100 g Knollensellerie
2 Tomaten
3 El Butterschmalz
1 l Fleischbrühe

Die Haxen waschen und trockentupfen. Mit Salz und Pfeffer einreiben. Die Zwiebel schälen und hacken. Karotten schälen und in Scheiben schneiden. Knoblauch schälen und fein hacken. Den Sellerie schälen und klein schneiden. Tomaten überbrühen, häuten, Stielansätze und Kerne entfernen. Den Backofen auf 250 °C (Umluft 230 °C) vorheizen. Das Butterschmalz in einem großen

Bräter erhitzen und die Haxen darin von allen Seiten gut anbraten. Zwiebel, Knoblauch und das Gemüse dazu geben und kurz mitschmoren. Die Lammhaxen im Ofen etwa 30 Minuten schmoren, dann den Deckel auf den Bräter setzen und alles 1 Stunde 30 Minuten schmoren. Zwischenzeitlich mehrmals mit Brühe und Bratensaft übergießen. Haxen aus dem Bräter nehmen und warm stellen. Den Bratenfond pürieren und sämig einkochen. Nach Geschmack abschmecken.

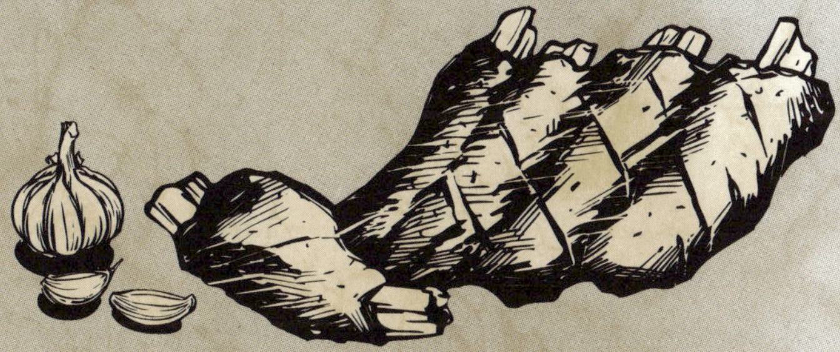

Hammeltopf

500 g Hammelfleisch
1 Zwiebel
1 Knoblauchzehe
2 El Butterschmalz
500 ml Fleischbrühe
1 kg Möhren
1 Apfel
Salz
Pfeffer
1 Tl Zucker
getrockneter Salbei

Das Fleisch waschen, trockentupfen und in Würfel schneiden. Zwiebel und Knoblauch schälen und fein hacken. Das Butterschmalz in einem Bräter erhitzen und die Fleischwürfel darin gut anbraten. Zwiebel und Knoblauch zugeben und mitschmoren. Die Fleischbrühe angießen. Die Möhren schälen und klein schneiden. Den Apfel schälen, vierteln, das Kerngehäuse entfernen und den

mit Möhren

Apfel würfeln. Möhren und Apfel zum Fleisch geben. Mit Salz, Pfeffer, Zucker und Salbei abschmecken und alles bei geringer Temperatur etwa 1 Stunde 20 Minuten garen. Den Hammeltopf mit frischem Schwarzbrot servieren.

Braten vom

500 g Lammfleisch
Salz
Pfeffer
3 El Butterschmalz
1 Zwiebel
500 ml Fleischbrühe
2 El Mehl
250 ml saure Sahne

Das Fleisch waschen, trockentupfen, danach mit Salz und Pfeffer einreiben. Das Butterschmalz in einem Bräter erhitzen und das Lammfleisch darin von beiden Seiten gut anbraten. Die Zwiebel schälen, halbieren und zum Fleisch geben. Kurz mitschmoren, dann mit der Brühe ablöschen. Das Fleisch etwa 1 Stunde 20 Minuten garen.

Weidelamm

Anschließend aus dem Bräter nehmen und warm stellen. Den Bratenfond mit wenig Wasser loskochen. Das Mehl in 2 El Wasser anrühren und die Sauce damit andicken. Zuletzt mit der sauren Sahne abschmecken. Lammbraten mit grünen Bohnen und Salzkartoffeln servieren.

Sauerbraten

1 kg Pferdefleisch
2 Zwiebeln
1 Stück Sellerie
1 Karotte
250 ml Rotweinessig
10 Pfefferkörner
5 Wacholderbeeren
2 Gewürznelken
1 Lorbeerblatt
1 Tl Salz
1/2 Tl gemahlener Pfeffer
100 g Butterschmalz
3 El Rosinen
50 g Schwarzbrot
2 Tl Rübensirup

Das Fleisch waschen und trockentupfen. Die Zwiebeln schälen und in Ringe schneiden. Den Sellerie und die Karotte putzen, schälen und klein schneiden. Aus 250 ml Wasser, Rotweinessig, Zwiebeln und Gemüse sowie den Gewürzkörnern, Nelken und dem Lorbeerblatt eine Marinade herstellen und in einem Topf aufkochen. Die Marinade abkühlen lassen und das Fleisch hineinlegen. In der Marinade etwa 3 Tage

vom Pferd

abgedeckt an einem kühlen Ort durchziehen lassen. Anschließend das Fleisch aus der Marinade nehmen und trockentupfen. Die Marinade durch ein Sieb gießen. Die Flüssigkeit und das Gemüse getrennt auffangen. Das Fleisch mit Salz und Pfeffer einreiben. Das Butterschmalz in einem Bräter erhitzen und das Fleisch darin von allen Seiten gut anbraten. Dann das Gemüse dazugeben

und mitschmoren. Die Hälfte der Marinade zugießen und den Braten etwa 2 Stunden bei geschlossenem Deckel schmoren. Inzwischen die Rosinen mit heißem Wasser übergießen und einweichen. Den Braten nach der Garzeit aus dem Bräter nehmen und warm stellen. Die restliche Marinade in den Bratenfond geben und aufkochen. Das Schwarzbrot fein zerkrümeln und mit dem Sirup in die Sauce geben. Die Sauce etwa 5 Minuten etwas einkochen lassen, dann die Rosinen zugeben und weitere 5 Minuten köcheln. Den Braten in Scheiben schneiden und mit der Sauce übergießen. Dazu Apfelmus und Kartoffelklöße halb und halb servieren.

Fischgerichte

Heringsstip

8 küchenfertige Salzheringe
250 ml Milch
250 ml Sahne
2 Zwiebeln
2 Äpfel
1 Tl Zitronensaft
Salz
Pfeffer
Zucker

Die Heringe waschen und 2–3 Stunden wässern, bis der Salzgeschmack fast verschwunden ist. Die Fische häuten und filetieren. Sämtliche Gräten entfernen. Die Zwiebeln schälen und in Ringe schneiden. Die Äpfel schälen, von den Kerngehäusen befreien und in Stücke schneiden. Mit Zitronensaft beträufeln. Äpfel, Zwiebel, Milch und

Sahne mischen und mit Salz, Pfeffer und 1 Prise Zucker würzen. Die Heringe in größere Stücke schneiden und in die Sauce legen. Über Nacht ziehen lassen. Dazu Pellkartoffeln servieren.

Pfannkuchen

4 Eier
150 g Mehl
1 Tl Salz
250 ml Milch
2 El Butter
8 Bücklingsfilets
1/2 Bund gehackter frischer Dill

Die Eier trennen. Das Mehl mit den Eigelben, Salz und der Milch verrühren. Die Eiweiße steif schlagen und vorsichtig unter den Teig heben. Ein Viertel der Butter in einer Pfanne schmelzen und je 2 Bücklingsfilets darin von beiden Seiten braten. Dann 1/4 des Teiges über die Filets geben und stocken lassen. Pfannkuchen wenden und vor-

mit Bückling

sichtig von der anderen Seite braten. Mit den restlichen Fischfilets und dem Teig ebenso verfahren, bis 4 Bücklingspfannkuchen gebacken sind. Die Pfannkuchen mit Dill bestreut servieren.

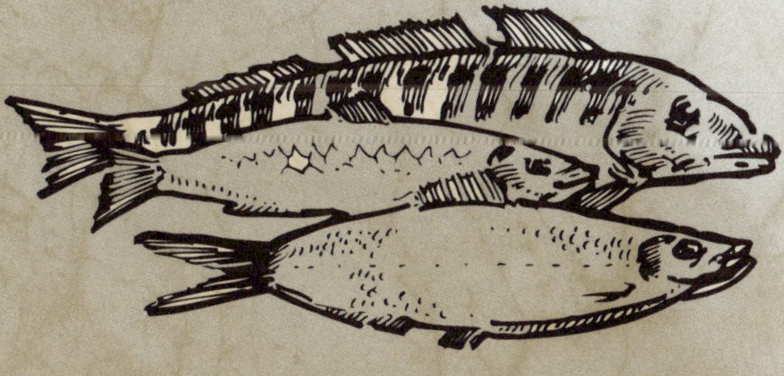

Gebratene Heringe in

8 küchenfertige frische Heringe
2 Tl Salz
Pfeffer
4 El Sonnenblumenöl
2 Zwiebeln
250 ml Apfelessig
1 El Senfkörner
6 Pfefferkörner
6 Pimentkörner
1 Lorbeerblatt
1 Tl Zucker

Die Heringe gut waschen und trockentupfen. Außen und innen mit Salz und Pfeffer einreiben. Das Öl in einer Pfanne erhitzen und die Fische darin von allen Seiten gut braten. Auf Küchenpapier abtropfen und abkühlen lassen. Anschließend die Fische in eine große Schüssel legen. Die Zwiebeln schälen und in Ringe schneiden, zu den Fischen geben. 150 ml Wasser mit dem Essig,

süß-saurer Marinade

den Gewürzen und dem Zucker etwa 2 Minuten köcheln lassen. Abkühlen lassen. Die Marinade über die Bratheringe gießen, die Schüssel mit Folie abdecken und die Heringe an einem kühlen Ort 4–5 Tage durchziehen lassen.

Fischbällchen

250 g Kartoffeln
250 ml Sahne
1 Ei
Salz
Pfeffer
1/2 Bund Dill
2 El Paniermehl
30 g Butter
250 g gekochtes Fischfleisch
Öl zum Frittieren

Die Kartoffeln waschen, mit der Schale in etwa 20 Minuten garen, dann abgießen und sofort pellen. Kartoffeln zerstampfen und mit Sahne und Ei verrühren, mit Salz und Pfeffer würzen. Den Dill waschen, trockenschütteln und fein hacken. Dill, Paniermehl, Butter und Fischfleisch zu den Kartoffeln geben und alles zu einem Teig verarbeiten. Den Teig zu einer

Rolle formen und in 3 cm dicke Stücke schneiden. Aus diesen Stücken kleine Bällchen formen. Das Öl in einem großen Topf erhitzen und die Fischbällchen darin goldbraun backen.

Zander in Speckhülle

4 Zanderfilets (à 125 g)
Salz
weißer Pfeffer
8 dünne Scheiben Bauchspeck
Mehl
3 El Butterschmalz

Die Filets waschen und mit Salz und Pfeffer einreiben. Jedes Filetstück in 2 Scheiben Bauchspeck wickeln und mit Mehl bestäuben. Das Butterschmalz in einer Pfanne erhitzen und die Fischfilets darin von beiden Seiten braten. Zum Zander in Speckhülle frisches Gemüse und Salzkartoffeln servieren.

Fischfrikadellen

- 500 g Rotbarschfilet
- 1 große Zwiebel
- 1 Knoblauchzehe
- 1 Gewürzgurke
- 2 El Crème fraîche
- 1 Ei
- 2 El Paniermehl
- 2 El frische gehackte Petersilie
- 2 El frischer gehackter Dill
- Salz
- Pfeffer
- Cayennepfeffer
- Saft von 1/2 Zitrone
- 3 El Sonnenblumenöl

Das Fischfilet waschen, trockentupfen und in kleine Würfel schneiden. Die Zwiebel und den Knoblauch schälen und hacken. Die Gewürzgurke in kleine Würfel schneiden. Fischwürfel mit Zwiebel, Knoblauch und allen anderen Zutaten außer dem Öl vermengen und zu einer glatten Masse verarbeiten. Den Fischteig 30 Minuten kühl stellen, danach zu Frikadellen formen. Das Öl in einer Pfanne erhitzen und die Frikadellen darin braten. Mit warmem Kartoffelsalat servieren.

Hecht

4 Hechtfilets (à 200 g)
Salz
Pfeffer
1 Tl getrockneter Koriander
2 Schalotten
20 g Butter zum Einfetten
250 ml Fischfond
250 ml helles Bier
5 El Schmand
2 El frische Korianderblätter

Den Backofen auf 180 °C (Umluft 160 °C) vorheizen. Die Fischfilets waschen, trockentupfen und mit Salz und Pfeffer würzen. Den Koriander darüber streuen. Die Schalotten schälen, fein würfeln und in eine gefettete Auflaufform geben. Den Fisch auf die Schalotten legen. Fischfond und Bier angießen und den Fisch im Ofen etwa 20 Minuten garen.

in Biersauce

Anschließend die Fischfilets aus der Form nehmen und auf einer Platte warm stellen. Den Bratfond durch ein Sieb in einen Topf streichen. Den Schmand einrühren und die Sauce aufkochen lassen. Mit Salz und Pfeffer würzen und mit Korianderblättchen verfeinern. Die Hechtfilets auf 4 Teller verteilen und die Sauce darüber geben. Mit Erbsen und neuen Kartoffeln servieren.

Gedünsteter

5 Zwiebeln
1 Bund Suppengemüse
2 Lorbeerblätter
4 Gewürznelken
10 Senfkörner
10 schwarze Pfefferkörner
1 Prise Majoran
1 Prise Thymian
1 Prise Muskatblüte
1 El frischer gehackter Estragon
1 Stück unbehandelte Zitronenschale
1 kg küchenfertiger Salm (Lachs)

Die Zwiebeln schälen und in Ringe schneiden. Das Suppengemüse putzen, waschen und klein schneiden. In einem großen Topf ca. 3 l Wasser mit Zwiebeln, Gemüse und allen Gewürzen und Kräutern aufkochen und etwa 1 Stunde köcheln lassen. Den Fisch gut waschen und in etwa 3 cm dicke Scheiben schneiden. Die Fischscheiben in einen großen Fischkochtopf legen. Die heiße Gemüsebrühe durch ein Sieb über den

Salm

Fisch gießen und diesen dann darin 20 Minuten bei geringer Temperatur ziehen lassen. Den Fisch anschließend aus dem Topf nehmen und vorsichtig mit Küchenpapier abtupfen. Den gedünsteten Lachs auf einer Platte anrichten und mit einer Dillsauce und Pellkartoffeln servieren.

Oberbergischer

4 Rotbarschfilets (à 200 g)
Salz
Pfeffer
Saft 1 Zitrone
2 Karotten
1 Lauchstange
2 El Butter
1 Zwiebel
je 1 Bund Dill und Petersilie
125 g Kräuterschmelzkäse
100 g Crème fraîche

Die Fischfilets waschen, trockentupfen und mit Salz und Pfeffer einreiben. Dann sofort mit Zitronensaft beträufeln. Die Karotten waschen, schälen und in kleine Würfel schneiden. Den Lauch putzen, waschen, die dunkelgrünen Teile abschneiden, den Rest in feine Ringe schneiden. Den Backofen auf 220 °C (Umluft 200 °C) vorheizen. Die Butter in einer Pfanne schmelzen und die Fisch-

Kräuterfisch

filets darin von jeder Seite etwa 4 Minuten braten. Das Gemüse zugeben und kurz mitschmoren. Die Zwiebel schälen und fein hacken. Die Kräuter waschen, trockenschütteln und hacken. Den Schmelzkäse mit Zwiebeln, Crème fraîche und Kräutern mischen. Den Fisch in eine Auflaufform legen, das Gemüse dazugeben und alles mit der Kräuter-Käsemasse bedecken. Fisch im Backofen etwa 15 Minuten überbacken.

Gebackene Elritzen

1 kg küchenfertige Elritzen
Salz
5 El Butter
5 El Mehl
100 ml Öl

Die Fische waschen und gut trockentupfen, danach mit Salz einreiben. Die Butter zerlassen und die Fische darin schwenken, danach mit Mehl bestäuben. Das Öl in einer großen gusseisernen Pfanne erhitzen und die Fische darin knusprig backen. Elritzen mit viel Salat oder Kartoffelbrei servieren.

Desserts und Backwaren

Verler Kirschsuppe

500 g Kirschen
2 Scheiben Schwarzbrot
2 El Butter
1 l Milch
3 El Zucker
Salz
2 El Puddingpulver

Die Kirschen verlesen, waschen, und entsteinen. In einem Topf im eigenen Saft etwa 15 Minuten dünsten. Das Schwarzbrot zerkrümeln und in der heißen Butter anrösten. Die Milch erhitzen, Zucker und 1 Prise Salz zufügen und das Puddingpulver unterrühren. Kirschen und Schwarzbrot zur Milch geben und alles vermengen.

Süße Mathilde

4 Pfirsiche
4 Löffelbiskuits
5 El Puderzucker
40 g gemahlene Mandeln
50 g Orangeat
4 El Weißwein
1 El Orangenlikör
Fett für die Form

Den Backofen auf 160 °C (Umluft 140 °C) vorheizen. Die Pfirsiche heiß überbrühen und enthäuten. Pfirsiche halbieren und die Kerne entfernen. Die Löffelbiskuits zerkleinern und mit Puderzucker, Mandeln, Orangeat, Wein und Likör mischen. Diese Mischung in die Pfirsichhälften füllen. Die Pfirsiche in eine gefettete Auflaufform setzen. Im Ofen etwa 30 Minuten backen.

Stachelbeergrütze

250 g Stachelbeeren
500 ml Kirschsaft
1 El abgeriebene Schale einer unbehandelten Zitrone
200 g Zucker
2 Päckchen Vanillezucker
125 g Grieß

Die Stachelbeeren verlesen, putzen, waschen und abtropfen lassen. Den Kirschsaft in einem Topf erhitzen. Danach Zitronenschale, Vanillezucker, Zucker und die Stachelbeeren zugeben und alles 15 Minuten köcheln. Die Masse pürieren und in einem Topf mit dem Grieß aufkochen. Den Topf vom Herd nehmen und die Masse abkühlen lassen. Die Stachelbeergrütze in einer Schüssel abkühlen lassen. Dazu Vanillesauce reichen.

Grießpudding mit Mandeln

100 g gemahlene Mandeln
1 Vanillestange
500 ml Milch
125 g Grieß
4 Eier

Die Mandeln mit der Vanillestange und der Milch aufkochen und 5 Minuten köcheln lassen. Dann den Grieß unterrühren und unter Rühren alles zu einem dicken Brei kochen. Die Eier trennen. Die Eigelbe unter den Grießbrei mischen, die Eiweiße steif schlagen und vorsichtig unterheben. Zu Grießpudding wird gedünstetes Obst gereicht.

Milchreis

1 l Milch
1 Tl Butter
1 Tl Salz
Schale von 1/2 unbehandelten Zitrone
200 g Milchreis

Milch mit der Butter, dem Salz und der Zitronenschale zum Kochen bringen. Den Milchreis waschen und abtropfen lassen. In die Milch geben und bei geringer Temperatur etwa 30 Minuten quellen lassen. Milchreis gehört zur berühmten Bergischen Kaffeetafel.

Ballebäuschen

20 g Hefe
250 ml Milch
125 g Zucker
5 Eier
100 g Butter
500 g Mehl
Fett zum Frittieren
Puderzucker zum Bestreuen

Die Hefe mit etwas warmer Milch und 2 El Zucker verrühren und aufgehen lassen. Eier, Butter und restlichen Zucker verrühren und mit dem Hefevorteig mischen. Den Teig gut verkneten, danach die restliche lauwarme Milch unterarbeiten. Den Teig etwa 1 Stunde an einem warmen Ort gehen lassen. Das Frittierfett in einem großen Topf erhitzen. Aus dem Hefeteig kleine Klöße abstechen und im Fett goldbraun ausbacken. Dann auf Küchenpapier abtropfen lassen und mit Puderzucker bestreut servieren.

Solinger Waffeln

4 Eier
250 g Butter
200 g Zucker
abgeriebene Schale von
1 unbehandelten Zitrone
150 g Mehl
150 g Stärke
1/2 Tl Backpulver
Salz
1 Speckschwarte oder
anderes Fett für das
Waffeleisen
Puderzucker zum
Bestreuen

Die Eier trennen. Butter, Zucker und Eigelbe mit der Zitronenschale schaumig rühren. Das Mehl mit der Stärke und dem Backpulver mischen und unter die Eiermasse rühren. Die Eiweiße schaumig schlagen und unterheben. 1 Prise Salz zugeben. Das Waffeleisen einfetten und nacheinander aus dem Teig dünne Waffeln backen.

zur Kaffeetafel

Mit Puderzucker bestreuen
und noch heiß servieren.

Püfferchen

500 g Mehl
1 Päckchen Backpulver
100 g Rosinen
5 Eier
1 Tl Salz
50 ml Milch
5 El Öl

Mehl mit Backpulver mischen und in eine Schüssel sieben. Die Rosinen in heißem Wasser einweichen. Eier und Salz zum Mehl geben und gut verrühren. Die Milch zugeben und alles zu einem festen Teig vermengen. Dann die Rosinen abtropfen lassen und unterheben. Nach und nach das Öl in eine Pfanne geben und handtellergroße Püfferchen ausbacken. Püfferchen warm mit Butter bestrichen servieren.

Nusskuchen

8 Eier
200 g Zucker
1 Päckchen Vanillezucker
500 g gemahlene Haselnüsse
1 Päckchen Backpulver
Fett und Paniermehl für die Form
100 g Zartbitterschokolade
Puderzucker

Den Backofen auf 180 °C (Umluft 160 °C) vorheizen. Die Eier trennen. Eigelbe mit Zucker, Vanillezucker, Nüssen und Backpulver mischen. Die Eiweiße steif schlagen und unter die Nussmasse heben. Den Teig in eine gefettete und mit Paniermehl ausgestreute Kastenform füllen und im Ofen etwa 45 Minuten backen. Inzwischen die Schokolade im Wasserbad schmelzen. Den Kuchen nach dem Backen abkühlen lassen, dann aus der Form stürzen und halbieren. Die Schnittfläche mit flüssiger Schokolade einstreichen und den Kuchen wieder zusammensetzen. Mit Puderzucker bestreuen.

Arme Ritter

12 Scheiben Zwieback
2 Eier
Salz
5 El Zucker
250 ml Milch
1 Tl Zitronensaft
75 g Paniermehl
3 El Öl

Die Zwiebäcke in eine Schüssel legen. Die Eier trennen. Eigelbe mit 1 Prise Salz und 2 El Zucker verrühren, über die Zwiebackscheiben geben und 15 Minuten einweichen lassen. Die Milch mit Zitronensaft, Paniermehl und den beiden Eiweißen mischen und die Zwiebäcke darin wenden. Das Öl in einer

Pfanne erhitzen und die Zwiebackscheiben darin goldgelb backen. Die Armen Ritter mit Zucker bestreut servieren.

Apfel-Brot

375 g Brot
2 Nelken
1/2 Tl Zimt
500 g Äpfel
75 g Zucker
50 g Rosinen
75 g Butter

Das Brot reiben und mit Nelken und Zimt mischen. Die Äpfel schälen, die Kerngehäuse entfernen und die Äpfel in Scheiben schneiden. Mit Zucker und Rosinen in 125 ml Wasser etwa 10 Minuten köcheln. Die Hälfte der Butter in einer hohen Pfanne erhitzen. Abwechselnd geriebenes Brot und Äpfel-Rosinen hineinschichten. Die letzte Schicht ist Brot. Das Apfel-Brot goldgelb braten und vorsichtig wenden. Die restliche Butter zugeben und das Apfel-Brot von der anderen Seite ebenfalls braten.

Rosinenstuten

60 g Hefe
220 g Zucker
250 ml Milch
1 kg Mehl
250 g Rosinen
2 Eier
Salz
150 g Butter
Fett für die Form

Die Hefe mit 2 El Zucker und etwas warmer Milch verrühren und 10 Minuten quellen lassen. Das Mehl in eine Schüssel sieben und in die Mitte eine Mulde drücken. Die Hefemischung hineingeben und vom Rand her mit Mehl bedecken. Abgedeckt weitere 30 Minuten an einem warmen Ort gehen lassen. Inzwischen die Rosinen in heißem Wasser einweichen. Anschließend den Hefevorteig mit der restlichen Milch, den Eiern, dem restlichen Zucker, 1 Prise Salz und der Butter in Flöckchen mischen und alles zu einem festen Teig verkneten. Der Teig soll Blasen werfen. Die Rosinen abgießen und abtropfen lassen und unter den Teig mengen. Den Teig nochmals abgedeckt 30 Minuten gehen lassen. Dann in eine große gefettete Kastenform füllen. Weitere 20 Minuten gehen lassen, bis der Teig über den Rand der Form quillt. Den Backofen auf 175 °C (Umluft 155 °C) vorheizen. Inzwischen den Stuten im Ofen etwa 1 Stunde backen. Dann gut abkühlen lassen und aus der Form holen. Rosinenstuten gehört zur Bergischen Kaffeetafel.

Brezeln

250 g Weizenmehl
125 g Butter
5 Eigelbe
125 g Zucker
1 Päckchen Vanillezucker
Fett für das Blech

Das Mehl in eine Schüssel geben und in die Mitte eine Vertiefung drücken. Die Butter flöckchenweise dazugeben und unterkneten. 4 Eigelbe mit dem Zucker und Vanillezucker dazugeben und alles zu einem festen Teig verkneten. Den Teig in Folie wickeln und 30 Minuten ruhen lassen. Inzwischen den Backofen auf 180 °C (Umluft 160 °C) vorheizen. Aus dem Teig kleine Brezeln formen und auf ein gefettetes Backblech legen. Mit dem restlichen Eigelb bestreichen und im Ofen etwa 20 Minuten backen.

Bergischer

1 kg Mehl
60 g Hefe
210 g Zucker
500 ml Milch
2 Eier
Salz
1/2 Tl Zimt
150 g Butter
200 g Korinthen
100 g Zitronat

Das Mehl in eine Schüssel sieben, in die Mitte eine Mulde drücken und die Hefe hineinbröckeln. 2 Tl Zucker darüber streuen und etwas erwärmte Milch dazugeben. Mit Mehl bestäuben und alles verkneten. Den Teig an einem warmen Ort gehen lassen. Dann die restliche Milch und den restlichen Zucker zufügen. Eier mit 1 Prise Salz und dem Zimt verquirlen und mit der Butter zum Teig geben. Den Teig nun mit

„Platz"

beiden Händen gut durchkneten, bis er Blasen wirft. Korinthen heiß waschen und zusammen mit dem Zitronat in den Teig arbeiten. Den Teig abgedeckt weitere 30 Minuten gehen lassen. Eine große Kastenform einfetten und den Teig anschließend hineingeben. Die Oberfläche mit einem Messer einritzen und den Teig nochmals 30 Minuten gehen lassen. Den Backofen auf 175 °C (Umluft 155 °C) vorheizen. Den „Platz" im Ofen etwa 1 Stunde backen. In Scheiben schneiden und mit Butter und Marmelade servieren.

Teezwieback

1 kg Mehl
2 Päckchen Backpulver
2 Eier
500 g Zucker
1 Tl Zimt
125 g Butter

Mehl und Backpulver mischen und in eine Schüssel sieben. In die Mitte eine Mulde drücken und Eier und Zucker sowie Zimt hineingeben. Alles miteinander verrühren, dann die Butter flöckchenweise dazugeben. Den Teig gut durchkneten und 30 Minuten ruhen lassen. Inzwischen den Backofen auf 200 °C (Umluft 180 °C) vorheizen.

Aus dem Teig kleine Rollen formen (ca. 3 cm Durchmesser). Von den Rollen Stücke von 7 cm Länge abschneiden und auf ein mit Backpapier ausgelegtes Backblech legen. Die Teezwiebäcke 40 Minuten knusprig backen.

Rote Buttermilchspeise

10 Blatt rote Gelatine
1 l Buttermilch
350 g Zucker
Saft und Schale von
1 unbehandelten Zitrone

Die Gelatine in Wasser etwa 10 Minuten einweichen, danach ausdrücken und im warmem Wasserbad unter Rühren auflösen. Dann mit Buttermilch, Zucker und Zitronensaft- und -schale vermischen und in Schalen füllen. Die Buttermilchspeise erstarren lassen.

Velbert
Ratingen
Heiligen-
haus
DÜSSELDORF
Wülfrath
WUPPERTA
Mettmann
Erkrath
Haan
REMSCHEID
Hilden
SOLINGEN
Wupper
Langenfeld
(Rhld.)
Leichlingen
(Rhld.)
Monheim
a. Rhein
Rhein
Bur-
scheid
Große
Dhünn-Tal-
sperre
Odenthal
Bergisch
Gladbach
Sülz
Rösrath
0 km
5 km
10 km
15 km
20 km

483
Radevormwald
229
483
Bever-Talsperre
Hückeswagen
Wupper
Neye-Talsperre
237
Wipperfürth
Marienheide
54
Gummersbach
Lindlar
Agger-Talsperre
55
256
Bergneustadt
Engelskirchen
Agger
55
Agger
256
4
56
Wiehl
256
Wiehltal-Stausee
Nümbrecht
256
Morsbach
Waldbröl
478
256

In der Reihe

Regionale Küche mit Tradition

bereits erschienen:

Altmärkische und Harzer Küche
Bodensee-Küche
Brandenburgische Küche
Elsässer Küche
Fränkische Küche
Kölner Küche
Mecklenburgische Küche
Pfälzer Küche
Sächsische Küche
Schlesische Küche
Thüringische Küche
Wiener Küche